AF509677

MAXIMILIEN DE ROBESPIERRE

HÉRALDISTE

PAR

LE VICOMTE OSCAR DE POLI

Président du Conseil Héraldique de France

PARIS

CONSEIL HÉRALDIQUE DE FRANCE

45, RUE DES ACACIAS, 45

1903

MAXIMILIEN DE ROBESPIERRE

HÉRALDISTE

I

Ans la *Revue des Questions Héraldiques* du 25 avril 1901, page 623, Monsieur R. V... a posé cette question (nº 220) :

« On voudrait savoir s'il est constant que Maximilien « de Robespierre, avant la révolution, ait eu des préten- « tions nobiliaires et même cultivé la science héraldique. »

A quoi, dans le numéro suivant (25 mai 1901), page 694, fut faite cette réponse :

« La question relative à Robespierre sera traitée dans « une étude spéciale. »

Voici l'étude promise ; elle s'est fait attendre, parce qu'elle a demandé d'assez longues recherches. En somme, avant de se prononcer sur les « prétentions nobiliaires » du ci-devant avocat au Conseil d'Artois, il n'est pas sans intérêt d'examiner si elles avaient quelque fondement.

Quelles étaient les origines de cette famille au nom dé- coré de la particule dite nobiliaire ? Que sait-on de sa gé- néalogie ? Avait-elle des armoiries ? Dans l'affirmative, quel était son blason ? — Autant de points d'interroga- tion qu'il importait d'élucider.

Sur la question des origines voici ce que dit un écrivain anonyme : « D'après une tradition assez répandue, la famille de Robespierre serait d'origine irlandaise, et elle se serait établie en Artois dans le seizième siècle. Il en est même qui donnent à son nom une origine tout anglaise (*Robert's Peter*, Pierre fils de Robert). Toujours est-il que, dès le commencement du dix-septième siècle, on voit des Robespierre établis comme notaires à Carvin, entre Lille et Arras. Ils exercèrent le notariat de père en fils. Au dix-huitième siècle, une branche vint se fixer à Arras. C'est de cette branche que sortit Maximilien. Bien que la famille ait eu autrefois des armoiries, elle n'était pas d'origine nobiliaire, mais elle avait acquis, par les fonctions remplies, le rang de petite noblesse de robe. Le père et le grand-père de Maximilien signaient le plus souvent *Derobespierre*. On sait d'ailleurs que la particule, même séparée, n'impliquait pas nécessairement la noblesse. Mais ces détails ont peu d'importance (1). »

Au seizième siècle, en effet, on vit s'établir en Artois un certain nombre de familles irlandaises, émigrées pour cause de religion, changeant de patrie pour ne pas changer de foi. Mais, en ce qui concerne les Robespierre, la tradition, à moins qu'ils n'aient troqué leur nom patronymique contre un nom français, paraît erronée ; j'expliquerai plus loin pour quelle raison. — Rien qu'à titre de curiosité, je signale cette expression bizarre, « la particule même séparée » ; mais, non séparée, il n'y a plus de particule.

Quant au « peu d'importance » des détails nobiliaires, nous verrons si l'austère, « l'incorruptible » Maximilien (2) partageait le sentiment de son biographe.

L'histoire généalogique de la famille de Robespierre n'est plus à faire ; elle a été très étudiée, il y a un demi-

(1) *Grand Dictionnaire du XIXe siècle.*
(2) Ainsi surnommé par Marat.

siècle, par le docte Borel d'Hauterive, non dans son *An-nuaire de la Noblesse de France*, mais dans son *Armorial de Flandre, du Hainaut et de Cambrésis*, « recueil officiel dressé par les ordres du roi Louis XIV » (1), et nous ne saurions mieux faire que de reproduire cette excellente étude, où se rencontrent maints renseignements inédits.

La voici donc, dans son intégralité.

II

Il a souvent été question des prétentions de Robespierre à la noblesse. On a recherché, dans toute espèce de recueils, les armes de sa famille, et personne jusqu'ici n'avait été assez heureux pour les découvrir. Quoique Robespierre fût originaire de l'Artois, l'armorial de cette province, dressé en 1696, ne contient aucune mention de ce nom. Les registres relatifs à la Flandre, au Cambrésis et autres pays limitrophes, ne semblent pas, au premier abord, offrir plus de ressources.

La table manuscrite ne contient la mention d'aucun Robespierre, et la recherche n'est pas plus fructueuse en parcourant les registres eux-mêmes. Cependant les armes de Robespierre y ont été enregistrées. Mais peut-on, quelle que soit l'attention qu'on y apporte, reconnaître à la lecture et sans une étude spéciale le nom de cette famille, défiguré et habillé de la forme la plus étrange ?

Maximilien de Robespierre, le chef des terroristes, a été souvent appelé *Roberspierre.* Cette orthographe, qui n'a point prévalu dans l'histoire est la véritable ; c'est celle que l'on retrouve dans tous les actes de l'état civil de sa famille.

Ce nom semble provenir de deux mots : *Robert* et

(1) Paris, 1856, in-8°, préface, pp. XXXII-XXXIV.

Spierre ; sous la dictée l'on est porté à le décomposer ainsi ; c'est ce qui est arrivé, lorsqu'en 1696 Roberspierre, receveur de la principauté d'Épinoy, fit enregistrer ses armoiries (Voir page 374) : le scribe écrivit Yves-Robert Spierre (1).

Yves-Robert Spierre, receveur de la principauté d'Épinoy.

D'or à une bande de sable chargée d'un demy vol d'argent.

Il n'a pas été possible, il est vrai, de retrouver quel lien de parenté unissait ce personnage au fameux chef de la Convention, mais les rapports de temps, de lieux et de position ne permettent pas de douter qu'ils ne fussent tous deux de la même famille.

Voici, en effet, la généalogie de Maximilien de Robespierre dressée par les actes de baptême et de mariage conservés dans les archives du Pas-de-Calais.

I. — Robert de Roberspierre, notaire à Carvin et lieutenant de la principauté d'Épinoy pour la Maison de Melun, avait un frère et trois sœurs : *A*. Martin de Roberspierre, curé de Pecquincourt ; *B*. Anne de Roberspierre, mariée à Antoine Tracet, receveur de l'Abbaye d'Anchin ; *C*. Elisabeth de Roberspierre, mariée à Noël Haustin, échevin d'Épinoy ; *D*. Marguerite, mariée avec Antoine Lefebvre, fermier à Épinoy.

Robert de Roberspierre laissa de Rictrude du Bruille, sa femme, huit enfants :

1° Martin, qui suit :

2° Robert, qui épousa Marie-Catherine Carbonnez et en eut deux enfants :

(1) *Armorial de Flandre*, bureau de Lille.

a François de Roberspierre, qui épousa Marie-Françoise Bou-
try, dont il eut :

    1° Yves-Isidore de Roberspierre (1).
    2° Nicolas-François de Roberspierre.
    3° Catherine-Joseph de Roberspierre, mariée en 1765 avec
    Adrien-Joseph Florent.

b Marie-Rictrude de Roberspierre, mariée en 1718 à Charles-
Antoine Salembiez.

3° Guillaume de Roberspierre, prêtre chapelain.

4° Jacques de Roberspierre, receveur d'Épinoy et brasseur à Carvin, qui épousa en 1696 Marie-Catherine Lai-
gneau. L'identité de fonctions peut faire supposer que ce
fut Jacques de Roberspierre qui fit enregistrer ses armes.
Au lieu du prénom *Jacques*, on aurait inscrit par erreur
Yves, ou bien il aurait lui-même dicté ce dernier prénom,
qu'il avait peut-être adopté. De son mariage il eut quatre
filles :

    a Angélique de Roberspierre, qui épousa en 1731 Bonaventure
    de la Ruyelle.
    b. Marie-Rictrude-Françoise, mariée en 1736 avec Adrien-
    Joseph de Waterlot.
    c. Marie-Françoise.
    d. Marie-Anne, qui épousa en 1747 Pierre-François Lorthiois.

5° Henri-Adrien de Roberspierre, brasseur à Meurchin,
qui épousa en 1710 Catherine-Thérèse Parsy, dont il laissa :

    a. Jacques-Henri de Roberspierre, qui épousa en 1762 Marie-
    Anne Rohart.
    b. Louis-Joseph de Roberspierre, docteur en médecine, qui
    épousa en 1740 Marie-Thérèse Duquesne. Suivant un acte
    de partage de la succession de Louis-Joseph de Robers-
    pierre, du 22 janvier 1788, ses enfants étaient :

        1. Yves-Eugène-Joseph de Roberspierre, praticien.
        2. Jacques-Henri.

(1) On peut remarquer ici la présence du prénom Yves, porté aussi
par celui qui fit enregistrer ses armes en 1696.

3. Aimée-Françoise-Josèphe.
4. Marie-Anne-Josèphe.

6° Scholastique de Roberspierre, femme de Jean-François Duquesne, greffier d'Épinoy.

7° Marie-Françoise, femme en 1686 de Joseph Duquesne.

8° Marie-Thérèse, mariée en 1702 à Pierre Delcambre, fermier à Camphin.

II. — MARTIN DE ROBERSPIERRE, procureur fiscal d'Épinoy, épousa, par contrat du 22 mai 1688, Marie-Antoinette Martin, fille de Claude Martin, maître de poste à Pont-à-Vendin, et de Marie Bachelier. Il laissa trois enfants de cette union :

1° Alexandre de Roberspierre, notaire à Carvin-Épinoy ;

2° Maximilien de Roberspierre, qui suit ;

3° Françoise-Thérèse de Roberspierre, qui épousa en 1717 Pierre-François Willemetz.

III. — MAXIMILIEN DE ROBERSPIERRE, avocat au conseil d'Artois, épousa, par contrat du 21 janvier 1731, Marie-Marguerite-Françoise Poileau, fille de Bonaventure Poileau, marchand à Arras, et de Marie-Louise Graux. Il eut quatre enfants :

1° Alexandre de Roberspierre, mort en bas âge à Willerval, en 1733.

2° Maximilien-Barthélemy-François, qui suit ;

3° Amable-Aldegonde-Henriette de Roberspierre, qui épousa, en 1777, Gabriel-François du Rutte, médecin à Douay ;

4° Marie-Marguerite de Roberspierre, qui épousa en 1776 Robert Deshorties, notaire à Arras.

IV. — MAXIMILIEN-BARTHÉLEMY-FRANÇOIS DE ROBERSPIERRE, avocat au Conseil d'Artois, épousa en janv. 1758,

Jacqueline-Marguerite Carrault, fille de Jacques-François
Carrault, brasseur à Arras, et de Marie-Marguerite.Cornu.
Et en eut :

1° *(après quatre mois de mariage)* : Maximilien-Marie-Isidore, qui suit ;

2° Augustin-Benoît-Joseph, dit Roberspierre jeune, né
en 1760, député à la Convention, et guillotiné avec son
frère le lendemain du 9 thermidor ;

3° Charlotte de Roberspierre, décédée à Paris en 1834 ;
elle touchait une pension de l'Etat (1).

MAXIMILIEN-MARIE-ISIDORE DE ROBERSPIERRE, né à Arras
le 6 mai 1758, d'abord avocat à Arras, puis député à la
Convention, et chef de la Montagne, décrété d'accusation
le 9 thermidor an II et guillotiné le lendemain (28 juillet
1794).

III

Du travail généalogique qui précède il appert que, dès
le XVII⁵ siècle, les Robespierre tenaient un bon rang dans
la bourgeoisie ; ils sont notaires, avocats, lieutenants et
receveurs de la principauté d'Épinoy pour l'illustre Maison
de Melun, procureurs fiscaux, receveurs d'abbayes, curés,
chapelains, brasseurs, honorablement apparentés. Peut-
être, avant le XVII⁵ siècle, ont-ils, comme tant d'innom-
brables familles bourgeoises du même temps, été en pos-
session de la noblesse, mais rien ne l'établit. L'unique
présomption qu'on en trouve est dans leur nom même qui

---

(1) La *Biographie Didot* donne à Charlotte une sœur, morte jeune.
Charlotte, morte célibataire le 1ᵉʳ août 1834, se prénommait en réalité
Marie-Marguerite-Charlotte. La pension, que lui avait accordée Na-
poléon, lui fut continuée par Louis XVIII et Charles X ; elle en jouit
jusqu'à son décès, sous le règne de Louis-Philippe.

certainement, comme on verra, était, dès le XIVe siècle, celui d'un petit fief dont le nom a disparu de la carte de l'Artois ; mais leur auteur pouvait avoir emprunté de son lieu d'origine son surnom, devenu ensuite patronymique.

Je ne saurais donc me ranger au sentiment de M. Borel d'Hauterive, lorsqu'il veut que l'orthographe réelle du nom soit *Roberspierre*. La forme à la fois la plus ancienne 1397) et la plus moderne du nom est *Robespierre* ; il n'y a donc pas lieu de tenir compte des fantaisies orthographiques des scribes des dix-septième et dix-huitième siècles, ni de celles des commis de M. d'Hozier. Au cours de ces deux siècles, le prénom de *Robert* est très usité dans la famille, sans doute par allusion à son premier auteur connu, Robert, dont le lopin féodal se serait appelé *Robertpierre*, « pierre » dans le sens de « roche », comme dans Ribaupierre *(Rappolstein)*, et comme se formèrent les noms de Robercourt (aujourd'hui Robécourt), Roberval, Robersart (anciennement Robertsart, Roberssart, Robessart) (1).

« Robes-pierre » signifiait « la pierre de Robert », comme « Robes-sart » signifiait « le sart de Robert » (2).

Au sujet des armoiries que la sagacité de M. Borel

---

(1) 1330. « Honnerable homme et discré monseigneur Eustace de Robertsart, chanoine de Sainct Quentin en Vermandoys. » (B. N.. ms. latin 17777,*Cartulaire de la terre de Guise,* fol. 107 v.). — 1419 : « Loys de Roberssart, chevalier, s. de Graville. » (Ms. franç. 26043, p. 5400.). — 1418 : « Messire Thierry de Robessart dit Channoine, chevalier, lieutenant general de noble homme monseigneur Louys de Robessart, chevalier, maistre et enquesteur et général des eaus et forestz en toute la duché de Normandie. » (Ms. franç. 26042, p. 5329.). — 1428 : « Jehan de Roberssart, chevalier, capitaine de Caudebec. » (Ms. franç. 26051, p. 1937). — 1432 : « Messire Thierry de Robessart, chevalier, cappitaine des hommes d'armes et archiers de la garnison de Sainct Saulveur le viconte. » (Baron de Joursanvault, *Catal.* imprimé, n° 3396. — P. O. t. 2604, doss. 56958, p. 49.)

(2) Sart, essart. — lieu essarté.

d'Hauterive parvint à découvrir sous le masque épais dont les avait affublées le caprice du commis de M. d'Hozier en défigurant outrageusement le nom de Robespierre, je les avais recherchées en vain. Ce demi-vol héraldique pourrait impliquer une corrélation d'origine avec la famille hollandaise *Robers*, qui portait: D'or à trois *demi-vols* d'azur (1), ou encore quelque penchant à se rattacher à elle ; mais j'estime qu'il n'y a là qu'une simple coïncidence ; et, d'ailleurs, dans le registre original de l'*Armorial de France*, comme l'a très exactement indiqué M. Borel d'Hauterive, le blason d' « Yves-Robert Spierre » est inscrit sur deux colonnes, — le blason en regard du nom, — en conformité de la règle générale suivant laquelle étaient inscrits les noms de ceux qui, ayant des armoiries ou étant en situation d'en avoir, n'en avaient pas déclaré, et à qui en conséquence le Juge d'armes ou son commis en attribuait d'office.

Le blason « d'or à la bande de sable chargée d'un demy vol d'argent » est donc *légalement* celui des Robespierre, mais il n'est pas certain que ce fût leur blason réel.

IV

Le nom de « Robespierre », ai-je dit, apparaît pour la première fois au quatorzième siècle. Je dois cette découverte à la lecture attentive d'une œuvre excellente, écrite par deux érudits gentilshommes, l'un et l'autre Membres du Conseil Héraldique de France, Mr de la Chauvelays, trop tôt ravi à notre sympathie, et M. le comte de Coligny-Châtillon, qui voulut bien me faire don de ce livre très étudié sur les armées des Ducs de Bourgogne.

(1) Rietstap, *Armorial général,* 2e éd., II. 581.

C'est dans une importante monstre, passée à Lille, au cours de la guerre entre la Duchesse de Brabant et le Duc de Gueldres, que figure, parmi des chevaliers, des hommes d'armes et des écuyers de Bourgogne, de Flandre, d'Artois et de Picardie, un archer du nom de « Robespierre ». Ce document est d'une valeur capitale pour établir l'ancienneté du nom dans la région artésienne ou flamande et, par suite, pour réduire à néant la fragile tradition de son origine irlandaise et de sa migration en Artois dans le courant du seizième siècle.

Le 4 mars 1397 (vieux style), « en la place des Iacobins, emprès la ville de Lille », en vertu de lettres données à Gand le 28 février précédent par « Philippe, filz de Roy de France, duc de Bourgoingne, conte de Flandres, d'Artois et de Bourgoingne palatin, sire de Salins, conte de Rethel et seigneur de Malines », messire Thiercelet de la Barre, chevalier et conseiller dudit seigneur, reçut « à monstre et à gaiges soixante-deux hommes d'armes et trente archiers, lesquelz estoient montez et armez souffisamment ainsi qu'il appartenoit », pour « aler présentement au service de nostre très chiere et très amée suer la duchesse de Brabant en la ville de Bois le duc, ou ailleurs où il appartiendra, en la guerre qu'elle a à l'encontre du duc de Ghelre,... desquelz hommes d'armes les noms s'ensuivent :

« Premièrement, messire Robinet de Mailly, messire Rolant de Hutkerque, messire Anthoine de Craon, monseigneur de Helin, messire Bazin de Biauval, messire Matis de Scothille, messire Hue d'Auchi, messire Yvain de Biauval, messire Loys de Commines, tous chevaliers ;

Andriet de la Carnoye, Guerard de la Tennerie, Trubert le Prevost, Jacquemart de Goy, Jehannin Cousin, Guillebin Lescot, Guillebin de Lisques, Gilles de Grutus,

Philippe de Nesselle, Rolant de Cuinghien, Brunel le Viconte, Perceval du Bos, Hector Mulart, Andriet de la Carnoye Le Roux, Philippe du Pont Ronnard, Pierre des Gardins, Brisse Frumant, Martin Frumant, Rasse Le Vert, le borgne d'Escouaures, Lancelot de Cunchi, Colin des Plancques, Desre des Pumereaux, Jehan Bruay, Hutin des Prés, Huache de Mazinghem, Allemant de Mazinghem, Robert du Quesnoy, Jehan de Saint Amant, Brunel de Marquien, Waultier de Bos le Duc, Jehan le Pincre, Symon Bourse, Lanion de Lonuoy, Baudin de Liettes, Wuillaume de Greboval, Robert de Grosmares, Thumas Euvrart, Jehan le Carbonnier, Robin de Frissicourt, Lancelot de Guiein, Marc de Willerval, Thomassin de Ligny, Jehan Roulers, Pierre de Rosinboues, Cloart de Roisinbos, Jehan de Coupigny, Jehan de Rabecque, Victor de Rabecque, Willaume de Rabecque, Charles de Willerval,.... tous escuiers.

« Item, s'ensuivent les noms des archiers :

« Loys le Clerc, BLOQUELLE DE ROBESPIERRE, Pierre le Mareschal, Harpedaine, Pierre Manssart, Jehannin de Leccon, Nicaise Bon mareschal, Hannequin Herambourc, Gilles de Rochefort, Jehan de Lille, Jehan de Gardonnoy, Pieret du Bos, Jehan des Champs. Jehannin de la Ville, Jacot des Hosteulz, Colin le Lyon, Thumas Hanotte Aleaumet de Contes, Willaume Lescot, Hanotin le Barbier, Huart de Frevilly, Pierret de Wailly, (1)..... Les-

----

(1) Les noms suivants, dans cette monstre, me paraissent devoir être lus comme je les marque ici en italiques :

Biauval, *Belleval ;* Lonuoy, *Longvay* (Côte-d'Or) ; Frissicourt, *Flixecourt* ; Gardonnois, *le Cardonnois* (Somme) ; Rosinboues, Roisinbos, *Rosembois* (Nord) ; Lisques, *Licques* ; Liettes, *Lietlres*, Escouaures, *Ecoivres*, Rabecques, *Rebec*, Frevilly, *Frévillers*, Leccon, *Locon* (Pas-de-Calais). — Cette dernière seigneurie, au XIVᵉ siècle, était dans la Maison de Malet de Coupigny.

quelz LXII hommes d'armes et XXX archiers se sont partis aujourd'hui de la dite ville de Lille avec et en la compaignie de monseigneur de Diquenne, leur cappitaine, pour aler ou voyage dessus dit.

« Et toutes les choses dessus dites je certiffie estres vrayes par le tesmoing de mon seel mis a ces presentes lectres de certifficacion le VIe iour du dit moys de mars mil CCC IIII[xx] dix sept » (1).

Entre tant de vieux noms chevaleresques qui se rencontrent ici sous le commandement du seigneur de Diquenne, je prie le lecteur de vouloir bien noter celui de l'écuyer *Jean de Coupigny* (2), qui par voie de coïncidence, lui réserve quelque surprise.

V

Ceux de mes lecteurs que ne satisferait pas mon étymologie du nom de « Robespierre », de ce nom si épouvantablement immortalisé par « le plus hypocrite, le plus lâche et le plus féroce des monstres qui ait paru sur la scène du monde pour le malheur de l'humanité » (3), et ceux qui sont enclins à rechercher dans les actions des hommes des germes ou ferments ataviques, auront le loi-

(1) Archives de la Côte-d'Or, B. 11753. — MM. de la Chauvelays et le comte de Coligny donnent intégralement cette précieuse monstre dans leur savante étude *Les Armées des trois premiers Ducs de Bourgogne de la Maison de Valois*, Paris, 1880, in-8°, pages 96-98.

(2) Coupigny, ancienne paroisse de l'Artois, aujourd'hui fraction de la commune de Hersin-Coupigny, arr. de Béthune (Pas-de-Calais).

(3) *Les Crimes de Robespierre et de ses principaux complices* (Paris, chez Des Essarts, 1797, 2 vol. in-24, tome I, préface, page 1). — V. dans la *Revue de Vendée*, janvier-juin 1876, pp. 98-107 et 188-197. — *Robespierre et Carrier*.

sir de méditer sur le nommé « ROBERT (PIERRE), nommé en
1402 *exécuteur de la haulte justice* du duché d'Orléans, aux
gaiges de dix livres par an » (1).

Ah ! certes Maximilien de Robespierre avait le tempérament *bourreau*, mais sa froide férocité procédait surtout
de son orgueil incommensurable : comme ces généalo-
gistes qui, écrivant l'histoire des familles de leur province,
s'attachent à rabaisser autant que possible celles qui
priment la leur en ancienneté, il voulait la destruction
de tout ce qui était plus haut que lui ; c'était la revanche
implacable d'un siècle de domesticité du premier rang
dans la très noble maison de Melun-Épinoy, la revanche
aussi du « petit avocat, avant tout homme de lettres,
homme honnête et austère, mais de piètre figure, d'un
talent incolore » (2).

Que la miséricorde divine garde à jamais les peuples
de ces honnêtetés et de ces austérités-là !

Maximilien de Robespierre était né d'un roman d'amour,
régularisé par un mariage qui retardait de cinq ou six
mois. Le révérendissime abbé de Saint-Waast lui fit
donner une des bourses dont il disposait au collège Louis
le Grand (1770), lequel, au terme des études de cet élève
modèle, lui décerna une gratification de 600 livres en
considération de « ses talents éminents, sa bonne conduite
pendant douze années et ses succès ». Presque aussitôt
il est reçu avocat au Conseil d'Artois, à l'exemple de son
père et de son aïeul.

Sa sœur, dans des *Mémoires* d'une piété par trop aveugle,
nous le montre, à cette époque, calme, grave, réfléchi,
ennemi des plaisirs ; mais... *scripta manent*, et voici que,
cent sept ans après le 10 thermidor, lui-même vient pro-

(1) *Catal. du baron de Joursanvault*, n° 2928.
(2) Michelet.

tester contre sa zélée panégyriste par une lettre, jusqu'en ces derniers temps inédite et provenant du fonds de M. Etienne Charavay. Cette lettre nous montre un Robespierre de vingt-cinq ans (1783), en pleine jeunesse, tout au plaisir de vivre, mais dévoré déjà du sombre orgueil qui fera de lui « l'un des plus odieux parmi les despotes... Nous n'avons pas attendu cette lettre pour savoir que, derrière le Robespierre guindé et peut-être timide, se dissimulait, hypocrite et bilieux, un jouisseur qui n'osait pas. » (1)

C'est à une femme qu'il écrit ses impressions de voyage ou de partie de campagne. Il sort d'Arras.

... C'est ainsi que nous passâmes devant l'aubette des commis. Vous jugez bien que je ne manquais pas de tourner mes regards de ce côté ; je voulais voir si les Argus de la Ferme ne démentiraient pas leur antique réputation d'honnêteté ; moi-même, animé d'une noble émulation, j'osais prétendre à la gloire de les vaincre en politesse, s'il était possible.

Je me penchai sur le bord de la voiture, et ôtant un chapeau neuf qui couvrait ma tête, je les saluai avec un sourire gracieux. Je comptais sur un juste retour. Le croiriez-vous ? Les commis, immobiles comme des termes à l'entrée de leur cabane, me regardèrent d'un œil fixe sans me rendre mon salut. J'ai toujours eu infiniment d'amour-propre. Cette marque de mépris me blessa jusqu'au vif et me donna pour le reste du jour une humeur insupportable.

« Ce seul passage valait que la lettre fût rendue publique. Robespierre, tout entier, s'y décèle. Il est en partie de plaisir, il va déjeuner avec des amis, — et ce qui lui importe, c'est ce salut donné à des commis, qui ne reconnaîtront point le petit avocat sans cause, qui ne le salueront point. Cet incident, sans importance, en prendra une

(1) *L'Éclair*, 8 avril 1901. — Tout ce qui suit est tiré du même article anonyme, justement remarqué et que je reproduis parce qu'il perdrait trop à être analysé.

inouïe à ses yeux, et son humeur, tout le jour, s'en res-
sentira. Il sera le même quand la fortune lui aura souri ;
il connaîtra ses blessures d'amour-propre, avivées encore
par la terreur que lui-même sèmera. Mais il aura à sa dis-
position l'échafaud. Et les têtes tomberont, qui ne l'auront
pas salué ! — Par la suite, il raconte comment, de la col-
line de Lens, il promena ses regards « mêlés d'attendris-
sement et d'admiration sur la plaine où Condé, à vingt
ans, sauva la patrie ». Puis, comment il fit une espiègle
visite au fauteuil « que pressait le fessier » d'un magistrat,
par profession docteur. Et c'est une échappée vers un
rêve de puissance :

Le criminel et le malade éprouvaient une égale frayeur à son aspect
et ce grand homme jouissait, en vertu d'un double titre, du pouvoir
le plus étendu qu'un homme ait jamais exercé sur ses compatriotes.

On remonte en voiture, et son orgueil enfin est satisfait.
Il arrive à Carvin, où ses ascendants ont longtemps résidé.

Les habitants de ce village nous firent un accueil qui nous dédom-
magea bien de l'indifférence des commis de la porte de Meaulens ; des
citoyens de toutes les classes signalaient à l'envi leur empressement
pour nous voir. Enfin, nous goutâmes pendant le trajet, qui fut, hé-
las ! trop court, la satisfaction flatteuse pour l'amour-propre de voir
un peuple nombreux s'occuper de nous.

« Et dire que ce sectaire, qui incarnait à une heure don-
née la Révolution agissante, n'était peut-être toujours
que ce rhéteur, avide de s'enivrer — et seul, en tête du
cortège — de l'encens grossier des multitudes !

« La fin de cette lettre extraordinaire, qui montre en
son déshabillé moral — dix ans avant la tourmente —
Maximilien Robespierre, est d'une gaminerie qui serait
charmante si l'image de l'autre Robespierre ne nous ob-
sédait. Il est à portée des tartes préparées pour le festin ;

exposé à y goûter, il songe « qu'il est beau de maîtriser ses passions ». Par des vers, il se dédommage de cette longue abstinence ; il n'est pas pour rien membre de l'Académie poétique des *Rosati*.

> Je te rends grâce à toi qui d'une main habile,
> Façonnant le premier une pâte docile,
> Présentas au mortel ce mets délicieux :
> Mais ont-ils reconnu ce bienfait précieux ?
> De tes divins talents consacrant la mémoire,
> Leur zèle a-t-il dressé des autels à ta gloire ?
> Cent peuples, prodiguant leurs encens et leurs vœux,
> Ont rempli l'univers de temples et de dieux.
> Ils ont tous oublié le sublime génie
> Qui pour eux, sur la terre, apporta l'ambroisie.
> La tarte en leur festin domine avec honneur,
> Mais daignent-ils songer à son premier auteur ?

« Il fait grand cas de la tarte, mais plus encore de la bonne société en la compagnie de laquelle on la mange. Sa vanité de bourgeois, avide de briller, se décèle dans ce cri :

Je reçus hier le plus grand honneur auquel je pusse jamais aspirer : j'ai dîné avec trois lieutenants et le fils d'un bailli. Toute la magistrature des villages voisins était réunie à notre table.

« La Révolution nous fera connaître un Robespierre incorruptible, pur, austère. Du haut de sa vertu, il dénoncera ses plus proches amis : Danton trop sensuel, Desmoulins trop tendre. En attendant, il madrigalise.

Quelque séduisant que puisse être un lieutenant, croyez-moi, madame, il ne peut jamais entrer en parallèle avec vous. Sa figure, alors même que le champagne l'a colorée d'un doux incarnat, n'offre point encore ce charme que la nature seule donne à la vôtre, et la compagnie de tous les baillis de l'univers ne saurait me dédommager de votre aimable entretien.

« Cette galante épître est signée : « De Robespierre »,

On n'oublie pas la particule. Un jour viendra où ceux qui la porteront passeront un triste quart d'heure. Mais pour l'instant, M. de Robespierre, jaloux des suffrages populaires, épris de la flamme des beaux yeux, flatté des avances de la bonne compagnie et gourmand de la tarte, n'a d'amertume que de ne point voir les commis répondre à ses coups de chapeau... Patience ! Dans dix ans, il reviendra à Arras. Ces mêmes commis ou — s'ils sont guillotinés — d'autres commis se précipiteront sur ses pas. Et il estimera qu'il y a quelque chose d'heureusement changé dans le monde parce que la servilité de la foule, au lieu de traîner la voiture du Roi, traînera la sienne. »

L'austère Joseph Prudhomme n'eût pas mieux trouvé que le madrigalant Maximilien. Il soigne sa gloire, suivant l'expression de la marquise de Sévigné, sa gloire littéraire et poétique, et dans dix ans il sera le président élu de l'Académie d'Arras ; il soigne rigoureusement sa tenue ; sa plus forte dépense était pour sa toilette, toujours élégante ; c'était un spartiate tiré à quatre épingles. En pleine Terreur, il conservera l'usage de la poudre ; il montera poudré à la guillotine. Jamais il ne mettra le bonnet rouge,—inesthétique et bas. Extérieurement, il restera un homme de l'ancien régime : glacé, académique et d'une morgue naturelle qui fleure son gentilhomme d'extraction ou tout au moins, comme on disait avant la débâcle, l'homme vivant noblement.

Au plus fort de la tourmente il ne se départ ni de son costume, ni de ses coutumes ; sans doute il conserve au fond de soi, avec le sentiment de sa supériorité personnelle, l'instinct plus ou moins précis d'une supériorité ancestrale, chimérique peut-être, mais à laquelle il croit et ne renoncera pas plus qu'à la poudre et aux manchettes. J'ai dit qu'il avait le tempérament *bourreau* ; Michelet lui adjuge le tempérament *prêtre*, et de fait Robespierre avait des prêtres dans sa race ; parrain politique de l'Être Suprême, il ne renia même pas les croyances de ses pères.

Je complète mon diagnostic, — au risque de faire sourire, — en disant que Maximilien de Robespierre avait quelque peu le tempérament.... *hobereau.*

VI

Ici j'ouvre une parenthèse au sujet d'un fait peu connu, d'une « magnifique inconséquence » de Robespierre, laquelle m'inspire les réflexions qui suivent.

Le parfait mépris dans lequel « la noblesse républicaine » tient le peuple et que dissimule à peine l'hypocrisie de ses paroles intéressées, procède directement de ce bourgeois de Paris qui, rougissant du nom de son père Arouet, voulut s'appeler Monsieur de Voltaire, être Gentilhomme de la chambre du Roi Louis XV, chambellan prussien, comte de Bernay, outragea misérablement la Sainte de Patrie, et bassement flagorna la Pompadour pour qu'elle le fît marquis de Ferney.

Ce pontife de la bourgeoisie voltairienne, apôtre du mensonge lucratif, écrivait à ses compères :

« Mentez, mes amis, mentez : il en reste toujours « quelque chose... Le peuple n'a pas besoin de liberté, il « ne lui faut qu'un aiguillon et du foin.... L'instruction « n'est pas faite pour les fils des cordonniers et des ser- « vantes. »

C'est dans cet esprit que les fils de Voltaire se sont appliqués à obnubiler l'âme du peuple, à le désaccoutumer de la vieille chanson, de la divine cantilène qui depuis près de vingt siècles berçait et consolait sa misère ; ils ne lui permettent qu'une instruction frelatée, bornée, servile, sans conscience, sans idéal ; ils l'excluent rigoureusement de leurs cénacles dirigeants où la vanité cocasse de M. Jourdain s'affuble de hochets en chrysocale, de titulatures archaïques et de risible vénérabilité ; ils le déshabituent de croire et d'espérer ; ils le traitent en aveugle, en incapable, en indigne. Vive Voltaire ! L'instruction chrétienne n'est pas faite pour les fils d'ouvriers ! Gloire à Voltaire ! Le peuple n'a pas besoin de foi, d'espérance, d'idéal ! Il ne lui faut qu'un aiguillon et du foin, comme à une bête domestiquée, comme à une bête brute....

En attendant, M. Jourdain fait baptiser ses enfants, non avec la même eau qui sert au baptême des petits du peuple, mais avec de l'eau sacrée du Jourdain, comme Henri V, excusez du peu ; la plèbe n'a pas d'âme, elle n'a d'autre utilité pour le moderne sycophante que d'être de la chair à scrutin ; il écarte des autels les prolétaires, mais lui se marie à l'église ; il réserve à ses enfants, non le bas niveau de l'enseignement laïque, mais la pure et salubre atmosphère des écoles congréganistes ; il chasse le prêtre de partout, excepté de son lit de mort, — parce que le prêtre absout de tous les mensonges, de toutes les hypocrisies, de toutes les turpitudes.

Les « grands ancêtres » du bloc républicain, fils aînés de Voltaire, professaient *entre eux* le même mépris du peuple, la nécessité de s'attribuer le monopole de la liberté de conscience et de la refuser au petit monde.

Au temps « où il n'y avait plus pour le mariage que le rit municipal de la république », où les prêtres catholiques, réfractaires au lâche serment d'allégeance révolutionnaire, n'évitaient la guillotine qu'en se cachant, il advint que Monsieur Camille Desmoulins (ou peut-être « des Moulins ») eut à se marier. La mairie, le citoyen maire, c'était bon cela, pour la tourbe : Camille, lui, « exigea qu'on suivît le rit romain », qu'un prêtre insermenté bénît son union, « et ses témoins, complices de cette magnifique inconséquence, furent.... Monsieur de Saint Just et Monsieur de Robespierre (1) ».

L'inconséquence n'était qu'apparente : c'était simplement de la logique voltairienne.

J'ai dit que Robespierre, outre le tempérament *bourreau*, me paraissait avoir aussi le tempérament *hobereau*.

Comme chez tant de familles d'ancienne bourgeoisie, il avait dû entendre parler dans la sienne d'un passé plus ou moins brillant, d'une situation sociale plus relevée, compromise, perdue, comme d'ordinaire, par l'exercice de la fonction de noblesse : la profession des armes. Sachant l'histoire de sa province, les fastes de la chevalerie artésienne, de ses hommes d'armes, de ses écuyers, de ses archers, il avait dû s'attacher discrètement à l'étude des origines de sa famille. Peut-être avait-il sur ce point des données traditionnelles, des jalons plus ou moins précis, de vagues intuitions ou réminiscences, et connaissait-il, par exemple, l'existence de ce « Bloquelle de Robespierre » qui, au quatorzième siècle, servait dans une des armées du Duc de Bourgogne, côte à côte avec ce qu'il y avait de plus noble dans les Flandres, en Picardie, en Artois : Mailly, Auchy, Commines, Ligny, la Barre, Contes, Rochefort, Saint-Amand, Coupigny, etc.

Quelle satisfaction inénarrable pour le piètre avocat qui exultait d'orgueil à frayer « avec trois lieutenants et le fils d'un bailli », s'il pouvait arriver par l'étude du nobiliaire d'Artois à revendiquer probativement la noblesse, de notables alliances, en un mot le droit de marcher historiquement de pair avec les meilleurs gentils-

(1) Sorbier, *Esquisse des mœurs et de l'histoire de la Corse*, p. 257.

hommes d'Arras et du Comté, avec ces « très hauts et très puissants seigneurs », qualifiés comtes, marquis ou ducs, voire princes comme les sires d'Épinoy ! C'est alors qu'il cesserait d'être pour eux une entité négligeable, l'humble bourgeois éduqué par la charité des moines.

Ce rêve de réhabilitation nobiliaire, de grandeur, l'immense orgueil de Maximilien de Robespierre l'a certainement caressé ; ces prétentions, il les a certainement envisagées, et c'est pourquoi, dans le silence du cabinet, le futur niveleur eut, jusques à sa mort, le goût de la science héraldique.

VII

Quelle tristesse nous envahit lorsqu'il nous advient de voir, au fronton d'un vieux château, le blason d'un de ses anciens maîtres martelé par le vandalisme révolutionnaire ; des reliures merveilleuses d'art, de richesse et de goût, ignominieusement déchiquetées pour faire disparaître l'écusson du grand seigneur qui fut leur créateur, leur possesseur initial ; les splendides livres d'heures, les généalogies, les armoriaux, dégradés de leurs armoiries, de tout signe héraldique, en ces jours terribles où la moindre suspicion d'aristocratisme conduisait infailliblement à l'échafaud !

Ce système de destructions sauvages, de souillures imbéciles, c'était le « Crois ou meurs » de la république, et le goût, paraît-il, n'en est point perdu. C'était « la loi », cela, et c'était... la liberté !

Un des rares Nobiliaires qui aient échappé au vandalisme de la Terreur et gardé intacts ses très nombreux blasons, est, depuis plus d'un siècle, exactement depuis cent huit ans, conservé à la Bibliothèque Nationale, département des manuscrits ; il portait initialement le n°697 du Supplément français ; il porte actuellement le n° 14,354 du Fonds français, avec ce premier intitulé :

« *Recueil d'Annoblissements et de confirmations de Noblesse* « *d'Artois et en Flandres (avec blasons),* par MALET DE COU- « PIGNY. »

Son frontispice porte ce titre plus détaillé :

« *Recueil de Quantité d'annoblissemens, confirmations, réhabi- litations, sentences de noblesse, de plusieurs extractions et illus- trations de Maisons et familles establies dans le pays d'Artois, Flandres, et ailleurs, avec autres pièces touchant l'art héraldique, by* KNIGHT OF..... *Copie fidelement tirée de l'original manuscrit, et enrichie de quantité d'armes par* C : M : H : J : DE COUPIGNY *en l'an 1752.* »

Ce précieux recueil contient de nombreuses généalogies, des listes d'anoblissements, de confirmations et de sen- tences, et la *Liste des Gentilshommes convoqués aux Estats d'Ar- tois en 1747.*

Il porte cette annotation tracée au crayon par « Dacier, conservateur administrateur de la Bibliothèque nationale :

« Ms. TROUVÉ CHEZ ROBESPIERRE, APPORTÉ A LA BIBLIO- « THÈQUE NAT^{le} EN PRAIRIAL DE L'AN 3. »

Comment ce précieux manuscrit était-il venu en la pos- session de Maximilien de Robespierre ? Son compère Fou- quier de Tinville, l'immonde approvisionneur de la guillo- tine, l'avait-il trouvé chez quelque suspect et, voyant qu'il s'agissait de l'Artois, l'avait-il réservé pour en faire présent à Robespierre ? L'hypothèse est plausible, mais j'incline à supposer que le ci-devant avocat au Conseil d'Artois l'avait tout simplement acquis de ses deniers, dans le temps où l'intéressaient les études et recherches héral- diques ; et comme l'œuvre était de valeur, surtout pour un artésien, il ne s'en sépara plus. Tout tyran est au-dessus de la règle commune, la loi n'est pas faite pour lui,—et ce fut ainsi que le manuscrit armorié de M. de Coupigny échappa aux sévices, aux mutilations, aux souillures, à la destruction.

J'ai recherché curieusement, mais en vain, s'il renfermait quelque page ou passage ayant pu intéresser personnellement le décapité du 10 thermidor an II (28 juillet 1794) : pas une seule fois je n'y ai rencontré, sous une forme quelconque, le nom de « Robespierre ».

Est-il encore représenté ? Très probablement oui, à Carvin même ; on trouvera sur ce point des renseignements dans l'*Intermédiaire des Chercheurs et Curieux* (1898), auquel il est bien rare de recourir infructueusement. L'*Annuaire des Châteaux* mentionne en 1887 un honorable ingénieur, M. E.-L.-H. de Robespierre, à Sincey-lès-Rouvray, par Rouvray (Côte-d'Or), père d'un fils unique qui, dix ans après, accomplissait son service militaire dans un de nos régiments de cuirassiers.

Il y a quelques années, un Robespierre était marchand de charbons à Paris.

La dernière mention que j'ai recueillie du nom de Robespierre, je l'ai trouvée par hasard dans un journal du nord, *La Dépêche*, du 5 janvier 1900, en son récit de « *L'Affaire mystérieuse de Phalempin* », où l'on venait de relever le cadavre sanglant de M. de Robespierre, de Carvin.

« Un peu plus tard, arrivait au parquet de Lille un long procès-verbal documenté qui relatait les faits tels que nous les avons racontés ; ce rapport concluait formellement à un accident dû à l'imprudence de M. de Robespierre qui avait voulu descendre du train pendant la marche, soit pour ramasser son chapeau, soit pour regagner Libercourt, puis Carvin...

« M. de Robespierre a dû quitter Lille lundi, dès la

première heure de l'après-midi, et se rendre à Arras où il a d'ailleurs été vu, et il aura dû monter dans un train passant assez tard dans la soirée pour regagner Libercourt-Carvin.. Il donnait depuis quelque temps de grandes inquiétudes au sujet de son état mental : à diverses reprises, il avait essayé de se suicider. Il y a trois semaines, il tentait de se couper la gorge au moyen d'un rasoir... »

Quel sujet de méditation que cette fin... dans le sang !...

Vannes. — Imprimerie LAFOLYE Frères.